ABELARD ve HELOİSE / MEKTUPLAR

D1662998

MitosBoyut Tiyatro Yayınları
Oyun Dizisi 63
Mektuplar / Abélard ve Héloise

1. Basım: Mayıs 1996
2. Basım: Şubat 2002

Baskı: Ceren Ofset.-Aksaray-İstanbul; Tel 621 79 83-4

ISBN 975-8106-01-1

TEM Yapım Yayıncılık Ltd. Şti.
Ağa Çırağı Sok. 7/2 Gümüşsuyu-80090 İstanbul
Tel: 212. 249 87 37-38 ; Fax: 212. 249 02 18
E.mail: mitosboyut@hotmail.com

Mitos&Boyut Yayınları • TİYATRO/OYUN DİZİSİ 63

ABÉLARD ve HÉLOÏSE

MEKTUPLAR

Oyunlaştıran:
Ronald Duncan

Türkçesi:
Zeynep Avcı

Mitos
BOYUT

İçindekiler

Abélard ile Heloise'in Yaşamından Bazı Tarihler..., 5

Abélard ve Heloise için Birkaç Söz/ Zeynep Avcı..., 7

Mektuplar ve Oyun / Ronald Duncan..., 13

Mektuplar..., 19

ABÉLARD ile HÉLOÏSE'in
YAŞAMINDAN BAZI TARİHLER

1079 Abélard, Fransa'nın Brötanya yöresinde, köylü bir ailenin ilk çocuğu olarak dünyaya geldi.

1100 Abélard, eğitimini sürdürmek üzere Paris'e gitti, Champeauxlu Guillaume'un öğrencisi oldu.

1101 Héloise dünyaya geldi. Babası bilinmiyor. Annesi öldüğü için dayısı Fulbert onu yanına aldı ve eğitimini üstlendi.

1110 Abélard, Aziz Anselm'den dinbilim dersleri aldı.

1113 Abélard'ın Paris'teki konuşmaları büyük yankı uyandırdı ve genç filozof Paris'i adeta fethetti.

1116 Abélard 37, Héloise ile 17 yaşındayken tanıştılar.

1118 Abélard ile Héloise'in çocukları olunca gizlice evlendiler.

1119 Abélard, Héloise'in dayısı Fulbert tarafından hadım edildi. Héloise ise daha önce okuduğu Argenteuil Manastırına rahibe olarak girdi. Abélard ise, Saint-Denis manastırına kapandı.

1120 Abélard papaz olarak taşraya gitti.

1122 Soissons konsili kararıyla Abélard kitabını kendi elleriyle yakmaya mahkûm edildi.

1123 Abélard, "Sığınak" adını verdiği manastırı kurdu ve burada dersler vermeye başladı.

1126 Abélard, Saint-Gildas Manastırına başrahip olarak atandı.

1129 Héloise ve arkadaşları Argenteuil Manastırından atılınca, Abélard ve Héloise yıllar sonra ilk kez karşılaştılar.

1131 Abélard, "Sığınak"ı Héloise ve arkadaşlarına tahsis etti ve toprağını da onlara bağışladı.

1132 Abélard'ın yazdığı "Bir mutsuzluk öyküsü" adlı

mektup tesadüfen Héloise'in eline geçince yazışmaya başladılar.

1135 Abélard ders vermek üzere Paris'e döndü.

1136 Héloise resmen Paraclet (Sığınak) Manastırının başrahibesi olarak atandı.

1141 Sens konsilinde Abélard, "İmana, akıl hizmet etmelidir," dediği için suçlu bulundu. Saygın Pierre'in yanına, Cluny'ye sığındı.

1142 21 Nisan'da Abélard ve Saint-Marcel'de öldü. Naaşı Paraclet'ye nakledildi. 63 yaşındaydı.

1164 16 Mayıs'ta Héloise Paraclet'de öldü. 63 yaşındaydı.

1817 Abélard ve Héloise'in mezarları Paris'in ünlü Père Lachaise Mezarlığındaki bir anıt mezarda, bir polis komiseri nezaretinde birleştirildi.

ABÉLARD ve HÉLOISE
İÇİN BİRKAÇ SÖZ

Zeynep Avcı

Kişilikleri, nitelikleri, bilgelikleri... ne olursa olsun, bu denli büyük bir yer kaplamayacaklardı tarih sayfalarında. Evet, Abélard filozof ve şair olarak çok önemliydi (Tüm ansiklopediler çekinmeden sütun sütun anlatırlar bu düşün ve duygu adamını). Evet, Héloise 12. yüzyıl ortamında ender rastlanabilecek bir kadındı. Akıllıydı, eğitimliydi, bilgiliydi, duyarlıydı ve düşünüyordu! Yine de bu üstün yetenekleri değildi tarihe geçmelerinin öncelikli nedeni. Aşkları ve bu aşkı dile getirdikleri mektuplaşmalarıydı.

Filozof ve şair Pierre Abélard ile öğrencisi Héloise arasındaki dramatik aşk, Fransa tarihinin en iç burkucu sayfalarından birini oluşturur.

Abélard 1079 yılında Nantes yakınlarında doğdu. İlkgençliğinden başlayarak felsefeyle ilgilendi. O günlerde felsefenin dinden ayrı düşünülmesi olanaksızdı. Dönemin üstadlarıyla tanışmak üzere Paris'e giden Abélard, önce büyük dostu, sonra da can düşmanı olan Champeauxlu Guillaume ve Laon'lu Anselm'in öğretilerinden yararlandı.

Abélard'ın dehası kısa zamanda Paris'i fethetti. Öğrendiklerini yorumlayışı ve eleştirileri Notre Dame'daki dinbilim sınıflarının her derste tıklım tıklım dolmasına yol açıyor, Paris Üstat Pierre'i dinlemeye koşuyordu. O günlere göre çok tehlikeli bir şey yapıyordu Abélard: Hıristiyanlık ahlakını tartışıyordu.

1119 yılında Abélard, Héloise ile tanıştı. Filozof ünlüydü ve 40 yaşındaydı. Genç kadın ise güzel ve akıllıydı, 22 yaşındaydı. O yaşta bile Fransa'nın en iyi yetişmiş, en bilgili, en kültürlü genç kadınlarının başında geliyordu. Yanında yaşadığı dayısı Fulbert'in de onayıyla Abélard'ın öğrencisi oldu. Fulbert için yeğeninin böylesine ünlü birinden ders alması büyük onurdu.

Birliktelikleri kısa sürede fikirsel alışverişten, fiziksel ilişkiye ve ömür boyu sürecek bir aşka dönüşüverdi. Abélard dostlarına yazdığı mektuplarda, aralarındaki yakınlaşmanın tüm ayrıntılarını verir ve bedensel tutkunun onları nasıl esir aldığını anlatır.

Dayı Fulbert, filozof ile öğrencisi arasındaki ilişkiyi fark edince (onları yatakta yakalayınca...) ayrılmak zorunda kaldılar. Kimilerine göre Héloise'i yetiştiren Fulbert aslında dayısı değildir, kimilerine göreyse, dayısı olsa bile Héloise'de gözü vardır. Her ne olursa olsun, âşıkların dayıdan çekindikleri kesindir. Ayrılıklarından bir süre sonra Héloise'in hamile olduğu anlaşılınca, Abélard onu gizlice dayısının evinden kaçırdı, Brötanya'daki ailesinin yanına götürdü. Héloise burada bir erkek çocuk doğurdu; adını Pierre Astrolabe koydular. Abélard dayısının onları bağışlaması ve birlikteliklerinin meşru kılınması için Héloise ile evlenmeye karar verdi, bunu da Fulbert'e bildirdi. Tek koşulları vardı: Evlilik gizli kalacaktı. Héloise evliliği hiç istemiyordu. Öncelikle Abélard'ın filozof kişiliğiyle evliliğin bağdaşmayacağını düşünüyordu. Abélard'ın çocuk gürültüleri içinde yaşayacak biri olmadığını söylüyordu. Ayrıca, mektuplarda da belirtildiği gibi, aralarındaki aşkın evlilik bağıyla zedeleneceğinde ısrarlıydı. Metres olmayı tercih ettiğini defalarca tekrarlıyordu. Abélard evlilikte ısrar etti ve sonunda gizli bir törenle evlendiler. Yine de birliktelikleri gizliydi ve Fulbert'e göre, Héloise herkesin gözünde gayrımeşru çocuk sahibi, ahlaksız bir kadın olmuştu. Abélard Héloise'i Argenteuil'deki manastıra göndererek dayısının gazabından korumaya çalıştı. Ama kendini korumayı beceremedi. Dayı Fulbert, bir söylentiye göre bizzat, başka bir söylentiye göre dört akrabasının marifetiyle, bir gece Abélard'ın odasına yapılan baskın sonucu onu hadım etti. Tüm şöhretini ve yaşamını yıkıma uğratan bu dramatik olay Abélard'ı derinden sarstı. O güne kadar yalnızca felsefesiyle uğraştığı dine kendini bütünüyle adamaya karar verdi ve aynı kararı vermesi için Héloise'i de zorladı. Héloise itiraz etmedi ve Argenteuil Manastırı rahibeleri arasına katıldı. Abélard ise Saint Denis rahiplerinden biri oldu.

1121'de sayıları giderek artan düşmanları Abélard düşüncelerini de lanetlemek üzere dini bir mahkeme topladılar ve Abélard'ın eserleri bu mahkeme kararıyla yakıldı.

Abélard aşağılanmış ve umarsızlığa düşmüştü. Küçücük bir manastır kurdu ve adını "Sığınak" koydu. Burada gerçek bir yoksulluk içinde bir süre yaşadı. Bir dinbilimci ve filozof olarak ona saygı duyan eski öğrencilerinden bazıları dışında kapısını çalan olmadı. Ondan ders alanlar yaşamasının sürdürmesi için olanak sağladılarsa da, düşmanlık sürüyordu ve burada da tutunamayınca Brötanya'daki Aziz Gildas manastırından gelen çağrıyı kabul etti. Bu sırada Héloise ve onunla birlikte birkaç rahibe de Argenteuil Manastırından kovulmuşlardı. Abélard onlara "Sığınak"ta yerleşmelerini önerdi. Héloise, kısa sürede bu küçük manastırı saygıdeğer bir yer haline getirdi. İki sevgilinin mektuplaşmaları Héloise "Sığınak"ta, Abélard da Aziz Gildas manastırındayken oldu.

Birbirlerine Latince yazdıkları mektupların Fransızcaya değişik yorumlarla çevirileri yapıldı ve 12. yüzyıldan bu yana çok sanatçıya esin kaynağı oldular. İngiliz yazar Ronald Duncan, mektuplardan ve iki sevgilinin yaşam öykülerinden hareketle, okuyacağınız oyun metnini yazdı.

Abélard 61 yaşında, Papa'ya gidip kendini bağışlatması için ısrar eden bir dostunu kırmayarak Roma yollarına düşmüşken, dinlenmek üzere sığındığı Cluny Manastırında son nefesini verdi. Héloise ise, sevgilisinden 22 yıl sonra, "Sığınak"ta, yine 61 yaşında öldü.

İki sevgilinin cansız gövdeleri de, yaşamları boyunca olduğu gibi, zor buluştu. Uzun maceralardan sonra, şimdi Paris'in ünlü Père Lachaise Mezarlığında yanyana yatıyorlar. Mezarları sık sık sevdalıların ziyaretine uğrar ve çiçekleri hiç eksilmez.

Oğulları Pierre Astrolabe'ın akibetine ilişkin ise hiçbir bilgi bulunamamış.

*

Bestelenmiş şiirleri yüzyıllarca önce Paris sokaklarında dillerde dolaşan, ozanlığı da filozofluğu kadar etkileyici olan Abélard'ın pek az şiiri günümüze kadar ulaşabilmiş. Bir dil ustası olduğu söylenen Abélard'ın Sic et Non gibi, Hıristiyanlık felsefesi üzerine yapıtları var. Çağının çok ötesinde bir düşünceyi savunan Abélard, Fransız düşünce tarihinin yüz akı, övünç kaynağıdır.

Ronald Duncan'ın oyununa gelince... Latince'den Fransızca'ya değişik yorumlarla çevrilmiş mektuplardan hareketle yazdığı oyun da, Duncan'ın övünç kaynağı olmalı. Özellikle Abélard'ın özgün mektuplarında rastlanan ağır Hıristiyanlık felsefesi, dinsel yorumları zarif bir süzgeçten geçirip bu unutulmaz ikilinin dramını böylesine yalın bir hale getirebilen Ronald Duncan, tiyatro literatürüne benzersiz bir yapıt armağan etmiş. İlginçtir ki, Fransa tarihinin bu ilginç sayfasını bir İngiliz oyunlaştırmış. Daha önce yalnızca Abélard'ı ele alanlar olmuş Fransa'da, ama ikilinin serüvenini oyunlaştırmak Duncan'ın becerisi.

Duncan'ın metni duru, akıcı, süslemelerden, ağır sözcüklerden arındırılmış bir dille yazılmış. Şiir biçiminde olsa da, şiirselliği biçiminden ileri gelmiyor. Anlatımın yalınlığı, olayın dramatikliğiyle karşı karşıya geldiğinde kendiliğinden bir şiirsellik ortaya çıkıyor ki, asıl vurucu olan o. Hiçbir gösterişe yer vermiyor Duncan'ın metni. Hiçbir zorlama yapmamış ve dümdüz anlatıvermiş.

Yazarın kitabın İngilizce basımına yazdığı önsözde "Neden bu oyunu yazdın?" sorusuna yanıtı, böylesi bir yalınlığa neden gerek duyduğunu açıklıyor.

"Cevap şurada: Dramanın kendi sınırları vardır. Sahnede tez savunulmaz. Teziniz ne denli ilginç olursa olsun, savunacağınız yer sahne değildir. Bu oyunu yazmam istendi, ben de yazdım, çünkü Abélard her zaman ilgimi çekmiştir. Duygusal yoğunluğu zihinsel ve ruhsal yaratıcılığıyla boy ölçüşebilecek ender insanlardan biriydi o. Biri olmadan ötekinin varlığı beni hiç ilgilendirmemiştir. Bir tek yaşam biçimi tanırım ben; yaşam çok yönlü olabilir ama tektir. Tüm yönleriyle yaşanmıyorsa da yaşam değildir."

İster bu denli dramatik olsun, isterse daha düz ve yalın, bir insanlık hikâyesini okuduğumda, dinlediğimde, çevirdiğimde ya da yazdığımda hem aynı burukluk kaplar içimi. Koca bir sahnenin ne de garip oyuncularıyız ve ne de büyük azimle oynayıp gidiyoruz bu oyunu. Oynarken fark etmiyorsak, olsa olsa, oyunculuğumuzun durmadan tazelenen gücünden ya da yönetmenin umarsız becerisindendir. Nedendir bilinmez, ama bu sahnede olup bitenlerin bir zevki var ki, yüzyıllardır anlatılan hikâyeleri her dinlediğimizde ürperiyoruz, övünç duyuyoruz yazgısını paylaştığımız öteki insanoğullarının oyunculuk becerisiyle...

Herkesin bir hikâyesi olduğu gibi, her oyunun, her metnin de bir hikâyesi var.

Abélard ve Héloise mektuplarından yola çıkarak Ronald Duncan'ın yazdığı oyunun Türkiye'deki macerası 1980'li yılların sonlarına doğru ivme kazandı. Duncan'ın metni daha önce Sn. Sevim Raşa tarafından çevrilmiş ve

Yankı Yayınlarınca kitap haline getirilmişti. 1980'lerin sonunda sevgili Cüneyt Türel bu kitabı Işıl Kasapoğlu'nun eline tutuşturarak uzun sürecek bir macerayı başlatmış oldu. Cüneyt ve Işıl ne yaptılar, ne ettiler ve İngiltere'de bile zor bulunan Duncan metnini ele geçirip yeniden çevirmemem için nazik bir baskı uygulamaya başladılar. Bu arada Işıl Kasapoğlu Fransa'daydı. Cüneyt Türel ise, baskıyı tek başına artıracak kadar gaddar olamadı ve o güne kadar çevirdiğim iki buçuk mektuptan sonra dosyayı rafa kaldırıp dörtbeş yılımı, çeviri yaparken gözyaşı dökmek zorunda kalmadan, rahat geçirdim. Bu süre içinde Işıl Kasapoğlu metni Fransızcaya çevirtip, Paris'te, Cluny gibi olayın ruhuna son derece uygun bir mekânda Duncan'ın Abélard ve Héloise'ini sahnelemişti bile. 1996 başlarında yeniden bir Abélard ve Héloise rüzgârı esmeye başladı. Neyse ki bütün baskılardan uzağa. Bodrum'a kaçtığımı, yumurta kapıya gelince bana, "Hadi çevir," diyemeyeceklerini düşünüp seviniyordum. Yanılmışım. Olaylar izlenemez bir hızla gelişti. Akbank kendi Sanat Merkezinde sahnelenmek üzere oyunun prodüksiyonunu üstlendi ve şeker bayramı arifesinde Cüneyt Türel ile sevgili Tilbe Saran'ı Bodrum'daki evimin kapısında, gözlerinde "Hadi!" şimşekleriyle bana bakarken buldum. Böylece, tepemde oyunun tutkulu oyuncuları Tilbe ve Cüneyt, ben çevirdim, onlar okudular, bayram için gelen misafirler acıklı acıklı içlerini çekip hülyalı bakışlarla yaşadıkları aşkları anımsadılar ve çeviri bitti.

Oyunun provaları başladığında, Işıl, Tilbe, Cüneyt ve dekor ile kostümü Paris'ten sonra İstanbul'da da hazırlayan Duygu Sağıroğlu finale doğru koşadursunlar, metin almış başını gitmiş, T. Yılmaz Öğüt'ün masasına konmuş, Mitos&Boyut Yayınlarının çatısı altına sığınmıştı.

Bizden bu kadar. Artık top sizde.

Bodrum, Mart 1996

Oyunlaştırandan...

MEKTUPLAR ve OYUN...

Ronald Duncan

Okuyacağınız yapıt, 12. yüzyılda Abélard ile Héloise'-in yazdığı mektupların çevirisi ya da uyarlaması değildir. Ben İngilizce'ye çevrilmiş olan mektupları okudum ve sahnelenmek üzere şiir biçimindeki bu oyunu yazdım. Abélard ile Héloise'in birbirlerine Latince yazdıkları mektuplar aslında yedi tane. Abélard dört mektup, Héloise ise üç mektup göndermiş. Ben mektup sayısını on ikiyi çıkardım. Oyunu oluşturan mektupları yazarken bazı yerlerde Latince orijinallerdeki cümleleri ve sözcükleri tekrarladım, ama genellikle anlamı izleyerek, kimi zaman güçlendirerek, yeniden yazdım. Önemli dramatik özellikler taşımasına çalıştığım Héloise'in son mektubu, güçlendirilmiş olanların başında gelir.

Söz konusu yedi mektup iki kez İngilizce'ye çevrilmiş. İlki 1755'de Edinburgh'da, The Letters of Celebrated Abeelard and Héloise (Ünlü Abélard ile Héloise'in Mektupları) adıyla yayımlanmış, ama çevirmenin kim olduğu belirtilmemiş. İkincisinin çevirmeni ise belli; C. K. Scott Montcrieff'in çevirisi 1925'de Londra'da, Guy Chapman tarafından yayımlanmış. İki çeviriyi de bulmak artık oldukça güç. Birincisinin baskısı tamamiyle tükenmiş, ikincisi ise bin adet basıldığından ender bulunan kitaplar arasına girmiş.

İlk çeviride, mektuplardan altısıyla Abélard'ın dostu Philintus'a yazdığı bir mektup yer alıyor. Sanırım bu mektup Jean de Meung'un çevirisinden alınmış. Abélard ve Héloise hakkında güya tarihsel bir roman yazdığını ileri süren ve ikinci çeviride bir önsözü bulunan George Moore'a göre, 18. yüzyılda yapılmış ilk çevirinin özgün mektuplarla hiçbir ilgisi yokmuş, hatta tümüyle uydurmaymış... Belki de haklıdır. Bana sorarsanız, böylesi uydurmaların artmasını dilediğimi söyleyebilirim ancak. Uydurduğu ileri sürülen ve adı bilinmeyen o kişinin gerçek bir yazı ustası olduğu kanısındayım. İlk çevirideki Héloise'in yazdığı dördüncü ve altıncı mektuplar okuduğum en güzel edebi yapıtların başında geliyordu.

Öte yandan, mektupları Latince'den İngilizce'ye ikinci kez çeviren Montcrieff'in dili ilk çeviriye göre dayanılmaz derecede tatsız. Öylesine tatsız ki, insana beceriksiz öğrenci ödevlerini hatırlatıyor ve okuma isteği hiç vermiyor.

Belki de 18. yüzyıldaki adsız çevirmen yaptığı çevirinin gerçeğe uymadığından habersizdi, ya da çeviriyi Latince'den değil Fransızca'dan yapmıştı ve söz konusu uygunsuzluk Fransızca'ya çevrilmesi sırasında ortaya çıkmıştı. Kim bilir...

Montcrieff'in konuyu ve Abeelard'ı hiç anlamadığını, üstelik ona saygı duymadığını, meseleye genelde kötü gözle baktığını, o yüzden de çevirisinin bu denli tatsız olduğunu düşünüyorum. Bakın George Moore önsözünde, bu anlayışsızlığı kanıtlayan neler yazıyor: "Abélard'ın Héloise'e karşı tutkusu tümüyle bencil ve bedenseldi, bu yüzden de ansızın bitiverdi. SaintDenis Manastırına kapanmadan genç kadını zorla Argenteuil'e kapatması da bunun kanıtıdır. Zaten Héloise'in mektuplarına verdiği yanıtların her cümlesinde kanıksamışlık, kızgınlık, bencillik gezinir. Genç kadının mektuplarını okumamış gibi, son mektubunda manastırlarda şarap bulunmasının yararlı olduğundan söz eder. Oysa Héloise bir önceki mektupta bunu yazmıştır... Yalnızca Héloise'le ilişkisinde değil, başkalarıyla dostluklarında ve ilişkilerinde de zayıf karakterinin izleri görülür. Kendini beğenmiş haliyle, SaintDenis'deki papazlara bildiklerini unutturup kurucularının Aeropagite olmadığını öğretmeye, Champeaux'lu Guillaume'un öğretisini karalamaya, yaşlı Anselm'le alay etmeye kalkışır. Tıpkı günümüzün Anglikan papazları gibi... Kendine aşırı güveni, Abélard'ın huysuz, sevimsiz, hatta aşağılanacak bir adam haline gelmesine neden olmuştur. Bu hale gelişinde çektiği acılar, zehirlenmekten korkusu ve tüm başına gelen olayların etkisi vardır mutlaka. Héloise'in insanca coşkularına kayıtsızlıkla cevap verirken, kendine acındırmaktan da geri kalmaz, bununla da yetinmeyip Hıristiyan adetleriyle gömülmeyi istediğini söyler. Her şey bir yana, onu şöhrete kavuşturan derslerinin çalıntı cümlelerle dolu bir safsata olduğu da inkaâr edilemez."

Bunları okuyunca merak ediyorum doğrusu: "Huysuz, sevimsiz, hatta aşağılanacak bir adam"ın yazdıklarını çevirmek için neden onca zamanını harcamış Montcrieff? Bazı edebi eleştirilerin hastalıklı bir ruh haliyle yapıldığını hatırlarsak, sanırım bu sorunun yanıtını bulabiliriz.

Bir yandan Montcrieff, öte yandan George Moore, ne kadar uğraşmış olurlarsa olsunlar, gerçekleri gizlemeyi başaramamışlar. Bence Héloise'in yazdığı mektuplar tarih boyunca yazılmış olan en iyi düzyazı örnekleridir ve bu üstü kolay örtülür bir gerçek değildir. Bu genç kadın henüz yirmi yaşına basmadan Latince, İbranice ve Yunanca öğrenmişti. Yalnızca üstün bir duyarlılığı ve güçlü duyguları yoktu, üstelik yetenekli ve bilgiliydi. Bence anlatımındaki ustalık Safo ve George Elliat'la kıyaslanabilir, hatta Jane Austin veya Emily Bronté onun yanında kekeme gibi kalabilirler.

Öte yandan Abélard gibi büyük bir filozof ve ozanın sadece Héloise'e olan aşkı nedeniyle hatırlanması bana çok saçma geliyor. Bu aynen Stravinski'nin önemli bir besteci olduğunu unutup onu "Kaliforniya'ya yerleşmiş biri" diye tarif etmemize benzer.

Abélard'ın bestelenmiş olan şiirlerinin birçoğu maalesef kaybolmuş. Oysa bu şarkıların Paris sokaklarında söylenmiş olduğunu çok iyi biliyoruz. Güftesini yazdığı "O Quanta Qualia", "Planctus", "In Parasceve Domini" gibi dinsel şarkılar günümüze kadar kaldığı için, Abélard'ın ne denli usta bir ozan olduğunu anlayabiliyoruz. Vivaldi'nin ya da Bach'ın bestecilikte ulaştığı noktaya Abélard şiirde ulaşmıştır. Üstelik Abélard gerçek bir kargaşanın hüküm sürdüğü Ortaçağ'da yaşıyordu...

Yalnızca ozanlığıyla yetinemeyiz elbette. Abélard tarihe geçmesi gereken bir filozoftu. Sic et Non (Evet ve Hayır), Hıristiyan Dinbilimi ve Ahlak adlı yapıtlarını değerlendirecek kişi ben olamam; böyle bir değerlendirmenin yeri de burası değil, ama önemleri yadsınamaz.

En basit mantık kurallarının bile dinsel açıklamalara bağlanmaya çalışıldığı bir dönemde, akılcı felsefeyi savunma başarısını göstermiştir Abélard. Aklı onu, dinle felsefenin buluştuğu o çok önemli noktada tutmuştu. Dinsel açıklamalar mantık açısından yeterli görünmüyordu gözüne. İnsanların önce kendilerini, tarihlerini öğrenmelerini, sonra dine varmalarını daha doğru buluyordu. İbrani mistisizmi ile Yunan akılcılığının ancak bir arada insanlığa hizmet edebileceklerini savunuyor, Hıristiyanlığın da bunlar olmadan cılız kalacağını ileri sürüyordu. Abélard'ı yok sayarsak Boethius'u, ya da Aristo'yu da tarihe gömebiliriz. Bernard, Aquino'lu Aziz Thomas'ın, "Akıl gözüyle Tanrı gerçeğini görmek çok az kişinin yapabileceği bir şeydir," sözünü inkâr ettiğinde, Abélard ona da gereken cevabı vermiştir.

Görüldüğü gibi, yaşadığı çağın çok ötesinde bir felsefyi savunuyordu Abélard. Elbette ki dinsel otoriteler bundan hoşlanmadılar ve Soissons ve Sens konsilleri onu cezalandırdılar.

Bence Rönesans, Abélard'ın sırtında yükselmiştir. İnsanlar bu dönemden sonra fikir özgürlüğünü kazandılarsa, onun düşüncelerine çok şey borçluyuz. Bu yüzden Papalık da varlığının ve düşüncelerinin önemini kabul etmek zorunda kalmıştır.

Héloise ile ilişkisinin Abélard'ın üstün niteliklerinden önce hatırlanmasından yakınan benim gibi birinin neden bu sevda destanını yazmaya kalkıştığı sorusu gelebilir akıllara.

Cevap şurada: Dramanın kendi sınırları vardır. Sahnede tez savunulmaz. Teziniz ne denli ilginç olursa olsun, savunacağımız yer sahne değildir. Bu oyunu yazmam istendi; ben de yazdım, çünkü Abélard her zaman ilgimi çekmiştir. Duygusal yoğunluğu zihinsel ve ruhsal yaratıcılığıyla boy ölçüşebilecek ender insanlardan biriydi o. Biri olmadan ötekinin varlığı beni hiç ilgilendirmemiştir. Bir tek yaşam biçimi tanırım ben; yaşam çok yönlü olabilir ama tektir. Tüm yönleriyle yaşanamıyorsa da yaşam değildir.

Abélard

MEKTUPLAR

I. MEKTUP

Héloise'den Abélard'a

Elin... Elin değmiş bu mektuba.
Teşekkür ederim; bana yazmamışsın ama...
Elbette tanıdım yazını; değişmemiş hiç.
Değişen bir şey olmadı zaten, acı bile aynı acı.
Bana gönderilmemiş ama, mektubu ben okudum.
Utanmadım, kimseye de ihanet etmedim.
Suskun geçen bunca yıldan sonra, hesap verecek değildim.
Şimdi de vermeyeceğim.
Elin değmiş bu mektuba!
Âşık olduğum elin. O aşka susamışım.
Hakkım var o elin yazdığı mektubu açmaya.

Merakım cezasını buldu işte.
Nerden bilirdim her satırda adımı okuyacağımı?
Uzun bahtsızlığımızın kısa hikâyesini yazdığını nasıl
                                                tahmin ederdim?
Düşünüyordum, hatta korkuyordum,
uzun süren suskunluğun ya benden çalınmış huzursa,
ya beni unutacak kadar güçlenmişsen...
Oysa ancak anılara teslim olmayacak kadardı benim
                                                gücüm
On yıldır dökemediğim gözyaşlarımdır delilim.
Nasıl bilebilirdim,
senin de hâlâ acı çektiğini, tıpkı benim gibi?
Erkeksin sen, akıllı, nitelikli.
Tüm Hıristiyanlık bir leşse, dolduramaz yerini.
Kendimi avutuyordum: O bir erkek diyordum.
Senden beklememeliydim, bendeki duygusallığı.
Biliyor musun, başım göğe ererdi sana bakarken.

Sanki bende olmayan her şey sende vardı.
Sanıyordum ki, tüm acıları geride bırakacak kadar
güçlüsün.
Yanılmışım... Zayıflıktan değil acıların.
Öylesine güçlüsün ki, göz göze yaşıyorsun acılarla.
Sakınmıyorsun, gözlerini kaçırmıyorsun onlardan.

Istırabın duruyor önümde satır satır, hem de el yazınla.
–Ah, Abélard! Dokunuşlarını bana taşıyan
o kâğıdı, o mürekkebi nasıl seviyorum... –
O kör yıllar boyunca sakladığım acı
çıkıyor yüreğimden,
karşıma dikiliyor; bakıyorum:
Aynı yaşlardayız onunla, boyumuzbosumuz aynı.
Tepeden tırnağa ben'im bu acı.
Artık saklayamıyorsam onu kendimden,
nasıl saklarım, bir zamanlar bütün varlığımla
teslim olduğum senden?
– Bir zamanlar... nasıl iç burkuyor bu sözler... –
Bir zamanlar, gövdesini gövdeme kattığım birine,
rol mü yapayım, ketum mu davranayım?
Gecenin doruklarında dört nala koşturmuştuk
bedenlerimizi,
daha da doruklara çıkmıştık doğan güneşlerle.

Biliyorum, böyle yazmasa gerek benim gibi bir rahibe.
Özür diliyorum, ama yazan rahibe değil.
Örtüldük tepeden tırnağa, ama kadınız biz.
Bu örtünün altındaki de Héloise; her dişiden daha fazla
dişi.
Ve aşk... Ona bir Abélard öğretisi.
Yalnızca kendime acımıyorum;
tüm varlığım acıdan kıvransa da, merhametim biraz da
sana.
Hiçbir şey unutturamaz bana yazıların yüzünden
çektiklerini.

Nasıl da zalim bu anılar...
Unutamıyorum dehanın nasıl ödüllendirildiğini?
Hasetle ve kötülükle!
Unutamıyorum çalışmalarının lanetlenişini, yakılarak
                                    alevler içinde...
Mısralarının kafasız kafalarca nasıl aşağılandığını,
nasıl da kâfir denildiğini sana... unutabilir miyim?
Sonunda fırlatıp attılar seni dünyanın dışına.
Küçücük bir manastır kurdun kadınlara, adını "Sığınak"
                                    koydun.
Ne iğrenç lekeler sürdüler amacına...
Huzur ararken kendin de manastıra kapanınca,
nasıl attılar seni aralarından, kardeş deyip bağrına
Atarlar elbette!
Sıradan olduklarını hatırlıyorlardı, seni her gördüklerinde.
Mektubun bütün bunları bir daha yaşattı bana.
Okurken gözyaşları döktüm senin için.
Ah, keşke hiç yazmasaydın...
Nicedir içimde topladığım bir damlacık güç kayboldu işte
Her yazdığını bizi tüketen ağıraksak ölümü yaşayarak
                                    okudum.
Sevdalılar gözleriyle tadarlar ıstırapları.
Ben de gözlerimle kavramıştım acını.
Dayım yok ettirdikten sonra erkekliğini, hani, çekip
                                    gittin ya...
Peşine taktım gözlerimi.
Beni burada bıraktığında da öyle.
Şimdi aynı gözlerle satır satır acını okuyorum.
O gözlerin yaş dökmesi garip mi?
Yanılma, merhamet değil istediğim.
Belki yazarsın bana diye yazıyorum yalnızca.
Zulmetme bana, reddetme beni.
Senden başka kimselerin veremeyeceği dermanı yolla:
Bir mektup... Bu kez senden bana.

Bırak, sana ait her şeye, sadakatle üzüleyim.
Bahtsızlık da olsa, her şeyi bileyim.
İç çekişlerim karışırsa seninkilere,
Belki ikimizin de acısını hafifleyecektir. Ne dersin?

İçimden hiç gelmiyor ama, sen istersen,
mektubumu şöyle de bitirebilirim:
Sonsuza kadar, elveda...

II. MEKTUP

Abélard'dan Héloise'e

Keşke hiç yazmasaydın.
Keşke ölüp gitseydi aşkın.
Ölüp gitseydi de zaman alıp götürseydi benimkini de
birlikte.
Biricik umudumuz bu.

Ne beyhude, ne nafile arar dururlar aşkı, erkeklerle
kadınlar.
Sanırlar ki, huzura kavuşacaklar,
mutlu olacaklar bulduklarında, ya da haz duyacaklar.
Oysa biz bulmuştuk onu, yakaladık; ama nasıl da farklıyız
Sen de biliyorsun, ben de: Böyle bir aşk kaynağıdır
acılarımızın.
Böylesine yaşanmazsa aşk, aşk değildir.
Öykünmedir, özentidir.
Yapay bir güldür ancak.
Öylece yaşayıp gider çoğu.
Belki yaşayabilmelerinin tek yolu bu...
Zira bizim aşk diye bildiğimiz aşk, çekilmesi çok zor bir acı.
Peki, amacı ne?

Bazen düşünüyorum da, aşk varlığımızın doğum sancısı
değil mi?
Ağına düşürdüğü biz sefil yaratıklar,
ya acılar içinde tükeneceğiz,
ya da insana olan aşkımızı Tanrı'ya yönelteceğiz.
Az kişiye nasip olmuş bir yeniden doğuş bu.
Böyle doğmak isterdim,
çünkü aşkım ölümüm oldu benim.
Şairlik taslamıyorum.

Gerçek bu: Sen olmayan her şey için ölüyüm ben.

Halini anlat diyorsun.
İşte anlattım.
Aslında biliyorum neyi merak ettiğini.
Nerede yaşıyorum? Çalışıyor muyum? Yazıyor muyum?
Artık Aziz Gildas Manastırının başrahibi diyorlar bana.
Biliyorsun, manastır yalçın kayalıklarda.
Hücremden dalgalar görünüyor, bakarsam.
Bakıyorum, ama görmüyorum.
Boğalar gibi saldırıyor azgın dalgalar,
serpintileri kadirşinas kumsala vuruyor.
Güneş doğudan yükseliyor umutsuzca
ve boynu bükük, çekip gidiyor batıdan.
Bulamıyorum... Güzellik canımı sıkıyor.
Doğa avutmayı beceremiyor.

Okurken seni düşünüyorum.
Yalnızken sana dalıyor düşüncelerim.
Dualarda bile aklım sende kalıyor.
İşte halim böyle. Öyle abes ki, saklıyorum herkesten.
Sen açığa çıkardın işte.
Sebebi sen olduğuna göre,
başka kime dökecektim içimi?

Düşmanımsın; kaçıyorum senden.
And içtim, unutacağım seni.
Bu aşkın sonunu getiremeyeceğiz, anladım.
Bu denli değerli bir şey solup gideceğine ellerimde,
en iyisi kestirip atmak dedim kendi kendime.
Birbirimize veremediğimiz tesel1iyi,
felsefede, dinde arıyorum şimdi.
Sana duyarlı olan yüreğimi yatıştırmaktı niyetim.
Ama beceremedim.

Tam tersi oldu: ayrılık, boşluk ve sofuluk,
tutkuya daha da yaklaştırdı beni.
Her gün seni unutacağım diye yeminler ediyorum,
sonra seni düşünürken kendime yakalanıyorum.
Zaaflarıma kızıp köpürüyorum,
sonra iyi ki zayıfım diye şükürler ediyorum.
Aşkımın mayalandığı yerin bir erdem yuvası olması,
ne amansız bir çelişki, değil mi?

Uzun, ıssız saatlerde sesleniyorsun bana.
O yalnızlık, yapayalnızlık, seni tuttuğu gibi yanıbaşıma
getiriyor.
Diyorum sana; düşmanımsın!
Gaddarlığına sığındığım, merhametsiz düşmanım...
Nefret ediyorum senden, sana âşığım.
Senden soğumak için bütün yakarışlarım.
Çünkü biliyorum ki aşkımız için umut kalmadı.
Oysa aşabiliriz tutkularımızı.
Tanrı'ya yöneltebiliriz umutlarımızı.

Nasıl da cılız, ahlaksız, üstelik budalayız,
sevdamızı adayamazsak inancımıza.
Yalnız o inanç koruyabilir bizi.
Biz ki, sıradan bir yazgının -ve insanoğlunun-
bir darbesiyle savrulmuşuz, kopmuşuz,
inançtan başka kim birleştirir ikimizi?
Şimdi iki efendin var oysa.
Bense ne kadar teslim olduysam da sana,
anılar bırakmıyor peşimi, senin kadar sadık bir metres gibi

"Efendim" diyordun bana.
Kafanın içini işe yaramaz laflarla,
lüzumsuz sayılarla doldurduğum,
o saatleri hatırlıyor musun?

Ne sen söylediklerimi dinledin,
ne ben hissettiklerimi söyledim.
Nasıl öğrettin öğretmenine gözlerinle dersini,
nasıl da hızlı öğrendi öğrencin, dudaklarınla birleşmeyi.
Sen saflığınla, bense özgürlüğümle,
ödedik işte o derslerin bedelini,
benden intikam alınca dayın.
Ha... Dayın diyorsam da gerçekten dayın mı bilmem.
Ama, bana öyle geliyor ki, kıskançlığı kan bağından değildi
Elde etmek istiyordu seni.

Şu aşkın kudreti kaybolsa birden,
vuslatın tadını ansızın kaybettiğim gibi.
Nasıl bir huzur, nasıl bir sükûn olurdu,
o kasabın bana bağışladığı.
Gel gör ki, iktidarsızlığım ihtirasımı kamçılayıp duruyor.
Gövdem reddediyor arzularımı,
Aklımsa hiçbir işe yaramıyor.
Yalnızca işkence ediyor anılarınla.
Hele bana ilk teslim oluşunu hatırladığımda,
mahvoluyorum...
Giyindiğim, kuşandığım, takındığım, taşıdığım,
her şey maskaralık!
Biliyorum; Tanrı da şahidimdir:
De ki, kendimizi de başkalarını da aldattık,
Tanrı'yı nasıl kandırırız? Miserere Nobis...
Bitmişim ben!
Merhametine sığınıyoruz.

III. MEKTUP

Héloise'den Abélard'a

Yanıtlamadım mektubunu.
Yapamadım. Öyle perişandım ki...
Perişanlık değil de, utanç içindeydim.
Fark ettim ki, duygularımı açmasaydım sana,
bırakmayacaktın kendini.
Her zaman üstündün benden, hele duygularda...
Isdırabının da böyle olacağını düşünmeliydim.
Sana yazmakla, yazmanı istemekle hata ettim.
Kabahatliyim.

Hâlâ da mektubuna yanıt değil bu yazdıklarım.
Mektup denemezdi ki ona,
bir hıçkırıktı. Erkek kadının karşısında ağladığında,
babası, kardeşi, sevgilisi... kim olursa olsun,
çocuğu gibi oluverir kadının gözünde.
Ah! Seni rahatlatmak için ne yapabilirim?
Yüreğimdeki acı kalktı bağrıma çöreklendi.
Utanç içindeyim,
asla yok olmayacağını bildiğim bir utanç.
Beni bağışlamanı dileyemem senden.
Sevdana kuşkunun gölgesi düşer, istemem.
Bir haftadır, yedi gündür, mektubunu yanımda taşıyorum,
her götürdüğüm yerde suçluyor beni,
sanki sensin taşıdığım.
Artık yazmamak gerek diye düşünmüştüm.
Şimdi diyorum ki, gaddarlıktır, aptallıktır bu.
Olan oldu ikimize de.
Açtığımız gibi iyileştirelim yaralarımızı. Mektup yazalım.
Seni böyle rahatlatırım ancak.
Beni böyle rahatlatırsın ancak.
Elimizde kalan azıcık mutluluğu yitirmeyelim.

Hayatımızı mahvettiler,
ama karışamazlar mektuplarımıza, onlara dokunamazlar.
Satırlarında kocam olduğunu okuyacağım ,
karın olarak sesleneceğim sana.
Kâğıt üzerinde daha da yakınlaşırız,
daha yumuşak, daha sıcak sesleniriz birbirimize.
Mutluymuş gibi yaşayan,
önce teklifsizleşen, ardından gaddarlaşan, sonunda
kayıtsız kalan
bir sürü insandan daha mutlu oluruz.

İnkâr etme beni, kendini, ya da bizi.
Yaz bana, gizli düşüncelerini öğreneyim.
Yanımda gezdireyim mektuplarını,
onları seni öptüğüm gibi öpeyim.
Kıskanmaya gücün varsa,
tek rakibin, öptüğüm mektupları kıskan.
Özensizce, düşünmeden, çekinmeden yaz bana.
Beynini değil yüreğini dinlemek istiyorum. Kadınca...
Beni sevdiğini duymadan yaşayamam artık.
Aşkın can damarı oldu hayatımın.

Küçücük bir kuş gibiyim.
Havam sensin, es üstüme.
Küçücük bir balık gibiyim.
Suyum sensin, ak üstüme.
Suskunluğun çöl olur bana.
Suskunluğunda boğulurum.

Görevimin başına dönüyorum şimdi.
İçim rahat gidiyorum, sayende.
Buraya sen gönderdin beni.
Bana 'Ana' diyorlar.
Senin anan olamam ki.
Karım demelisin bana.
Ben senin karınım.

IV. MEKTUP

Abélard'dan Héloise'e

Pek az insana nasip olmuştur,
sevdiğimiz gibi sevmek. Pek azına nasip olmuştur...
Istırap içindeysem de müteşekkirim.
Acı içinde olmasam da şükran duyacaktım,
acımın sebebine sarılacaktım.

Ayrılık, sevdanın türbesidir derler.
Derler ki, uzun ayrılıklarda ölür gidermiş sevdanın
sıcaklığı.
Madem öyle, neden azalmadı aşkımız, bir nebze bile?
Yokluğun durup dinlenmeden sevdamı hatırlatıyor sadece
Düşünmüştüm ki, seni görmezsem eğer,
bir anı olursun, canım istedikçe belleğimde canlanan.
O da canım isterse...
Ama ne oldu?
Anılarıma gömdüm kendimi, teslim aldın benliğimi.
Düşünmüştüm ki, oruç tutarım, çok çalışırım,
küçülür gidersin anılarımda.
Oruçlar tuttum, gece gündüz çalıştım, durdum.
Ne fayda! Yalnızca senin gözlerini okuyorum kitaplarımda.

Bu saplantı canımı sıkıyor, itiraf ediyorum.
Sana rastlamadan önce yaptıklarıma döneyim diyorum.
Aristo'yla kavgaya tutuşuyorum.
Öğrencilerle noktanın virgülün tartışmasını yapıyorum.
Şimdi de oturmuş güya St. Paul hakkında yazıyorum.
Hepsi beyhude... Hiçbir yararı yok!
Ne dualar, ne ağıtlar yardım edebilir,
erkeğin kaybettiği erkekliğini geri getirmeye.
Ah! Ruhumun kırılgan kâsesi, zavallı bedenim...
Neden 'İlk Günah' denen o bağnazlıkla sakatlandı gitti?

Böylesine sadık olup hüznümü artırma.
Gövden yapamaz belki ama,
bari düşüncelerimde ihanet et bana.
Ben artık Abélard değilim ki...
Sen de Héloise olma.
Gücendir beni. Bırak yabancılaşayım.
Tanrım! Nasıl da gıpta ediyorum,
sevgisi bizim gibi olmayanların mutluluğuna.

Nedir şu tutkulu halim benim?
Delikanlı heyecanıyla oturmuş yazıyorum.
İnsanın insana aşkı doruğuna vardığında,
kıskanç, yırtıcı, kibirli, gaddar olmaz mı aslında?
Yanılmıyorum, eminim böyle olduğuna.
Kim yaşamışsa bu yoğun çılgınlık dakikalarını,
kim bu hain girdaba girip çıkmışsa,
dönüp durmuşsa kendi etrafında,
kim kimdir, ne nedir, unutuncaya kadar...
o aşağılık duygu kaplamışsa her yanını,
etleri kasılmışsa ölecek gibi,
gözleri yaşarmışsa heyecandan,
bilsin ki, aşkın hazzıyla kıvranmaktadır.

Yine de tiksiniyorum bedensel aşktan.
Tedavi olmuş değilim henüz.
Aklım reddediyor onu,
yüreğimse bağışlıyor.

Nasıl da uğraştım kendimce sana kara çalmaya...
Aklımdan tüm kusurlarını tekrarladım, durdum.
Yalan söylemiştin, hatırladım.
Bir keresinde epeyce kabaydı davranışın...
Bu da işe yaramadı.
Hatalarında da sen vardın.
Onları hatırlarken erdemlerin geliyordu aklıma,

güzelliğin canlanıyordu gözlerimde.
Daha acısı, boynundaki o minicik beni hatırlıyordum...

Adım filozofa çıkmıştır benim.
Kendi tutkularını dizginleyemeyen şu koca filozofa da
bakın!
Sen de çevrenin en akıllı, en iyi yetişmiş kızlarından
birisin, değil mi?
Kilisenin demiyorum, dikkat et.
İkimiz de duygularımızın merhametine sığındık işte.
Kafamızı çalıştıramıyoruz,
Paçavraya dönen ruhlarımıza sahip çıkamıyoruz.
Kalan azıcık aklımızı da kullanamıyoruz.

Durup bir soluk almalı mıydık,
o girdaplara dalıp apaçık felakete sürüklenmeden önce?

Bir erkek gibi konuşacağım şimdi; anlamaya çalış beni:
Gözyaşlarını bir yana koy,
üstüne benimkileri de ekle.
Bütün endişelerimizi, ürpertilerimizi kat hepsine.
Kıskançlığı, üzüntüyü hesaplamayı unutma.
Güvensizliği, korkuyu da kat o hesaba.
Şimdi topla bakalım hepsini, ne ediyor?
Aşkın kısacık hazzıyla karşılaştır. Değiyor mu?
Aptallar iflasını isterdi bu hesapla.
Peki biz ne demeye direndik,
elimize asla geçmeyecek bir şeyin hastalıklı bedelini
ödemekte?
Sıkıldın, değil mi? Bakkal gibi yaptım hesabı.
Ama gördüğün gibi, öğrenmeye çalışıyorum ben de,
bir zamanlar sana öğrettiklerimi.
Geleceğim eserlerimde yatıyor, sen ise geçmişimsin.
Benim için durum apaçık böyle.
Seni de özgürleştiriyor bu durum. Acı veriyor, değil mi?
Doğum da acı verir.

Yine de... neden rahat edemiyorum ben?
Yeni hayat yok: Hiçlik, ölüm bu!
Bakımsız bir mezarın üstündeki taşlar gibi.
Benim geleceğim yok mu yani?
Yani, ben yazdığım bütün şiirleri, yazdığım her şeyi,
senin tırnağın kadar değersiz mi görüyorum?
Hem şairim, hem filozofum ben; mesele burada.
Filozof dediğin, lafın tek gerçeğinin yine laf olduğunu iyi
bilir.
Edebiyatın en iyisi bile küçücük bir yaprak kadar hayat
dolu değildir.

O zaman soruyorum kendime :
Bizimki gibi bir aşkın amacı ne?
İnandığımız gibi, Tanrı'nın bir hikmeti varsa işin içinde,
her şeyi tüketen aşkımızdan öte,
O'na bağlılığımızın sapması da mı bu hesabın içinde?

Nedir bu aşkın amacı?
Seni kendi ruhumun yansıması gibi mi seviyorum?
Seni severek, kendi ruhuma, sonra Tanrı'ya mı ulaşacağım?
Tanrı'nın habercileri miyiz birbirimize?

Dizlerimin üstünde yakarıyorum Tanrı'ya da, sana da.
Utanmadan, lanetlemeden, dua ediyorum:
Seni bana versin, tut elimden, sen götür beni O'na.
İhtiyacım sonsuz sana.
Senden mahrum kalırsam, ruhum da Tanrısız kalacak.
İşte bir elimle özgür bıraktım seni, ötekiyle bağlıyorum.
İyi de, nedir ki özgürlük?
Sevdanın zulmü!
Yazmayacağım artık. Artık hiçbir şey bilmiyorum,
ihtiyacımın bu sonsuzluğundan başka.

V. MEKTUP

Héloise'den Abélard'a

Nasıl rahatlatmıştı beni mektubun, anlatamam.
Son satırlara gelince irkildim. Hain bir satır gibi keskindi
o tek satır.
"Yazmayacağım artık. Artık hiçbir şey bilmiyorum,"
diyorsun.
Mektup yazmaktan mı vazgeçiyorsun,
yoksa, korktuğum gibi, artık hiç mi yazmayacaksın?
Bu satırları yazarak beni inciten elinden nefret ediyorum
şimdi.
Ya da, onu demek istemediysen,
zalim belirsizlikler taşıyan sözcüklerden nefret ediyorum.
Kuşkuların yuvalandığı sevda öyle kırılgan yapıyor ki
insanı,
yara almaktan korkar oluyor.
Deseydin ki, "Şimdilik yazmayacağım,"
kutsayacaktım "şimdilik" sözcüğünü.
Ümidim o sözcük olacaktı, ama yok ki yerinde...
"Artık" diyorsun; "asla" mı demek bu?
Sözcükler çınlayıp duruyor beynimde.
Bu gece sevdam hüzünlendi işte.
"Asla" olamaz, değil mi? Olmamalı!
Kendine acıdığın için yazmayacaksan, görevini bil de,
sarıl kaleme.
Bu manastırı sen kurmuştun, unuttun mu?
Hemşireleriniz biz, hepimiz, evladın gibiyiz senin.
En acemimiz bile kendini sana adadı.
Bu duvarlar, şu kilise, ellerinle yapıldı.
Bir zamanlar hırsızlara yataklık eden bu yapıyı,
sen değiştirdin, dualar evi yaptın.
Önderlik borçlusun bize, görmüyor musun?

Rahibeler için yapıldı ama, aslında sen de burada
oturuyorsun.
İtibarınla yapıldı burası, öğütlerinle hayat buluyor.
Beni buraya sadece senin adın bağlıyor.

Bana yazmak istemiyorsan, yalvarırım bize yaz.
Kutsal yeminler etmiş olsak da, kutsal değiliz hiçbirimiz.
Kurallar, duvarlar, çilehaneler... korumuyor bizi, hiç!
Bize destek olmak senin görevin.
Senin bağının asmalarıyız biz,
ısırganlara boğulduğumuzu görmek ister miydin?
Erdem sadece aşılandı bize; bahçıvanımız sendin.
Aşının tutması doğamıza bağlı.
Ve biz kadınız.

En tembel adam bile bir tohum ekebilir,
marifet bakmakta ektiğin tohuma.
Bize bakacak olan sensin, yönlendir bizi.
Yalvarmak zorunda mıyım sana, kendi evlatların adına?
Razı etmek için, mecbur muyum başkalarının dualarını
kullanmaya?
Ama... ne yapacağımı söylemezsen,
nasıl yardımcı olurum ben başkalarına?
Ah! Keşke bir alet icat edilse de, konuşsan içine,
ben de sesini dinlesem. Aramızdaki uzaklık yok oluverse,
İcat edilmediğine göre, yaz bana, bize yaz.
Ne de olsa karınım senin.
Evlilik meşru kılar yazışmamızı.
Neden bunu yapıp sevindirmiyorsun beni?
Hem de göze batmadan, yeminlerini bozmadan...

Madem bu manastıra kapandım,
kendimi duaya adamaya inandır, ikna et beni.
İkna olmaya ihtiyacım var.

Hatırlasana... unutabilir misin,
bir lokma ekmek dilenen köpekler gibi,
senden bir parça bilgi edinmek için geçirdiğim günleri?
Yokluğunda sana iki satır yazabilmek için
dünyadan elimi eteğimi çektiğimi...

Hatırlamazsın tabii. Haberin olmadı ki bunlardan.
Seni görebilmek için neler yaptığımdan da haberin yok.
Birlikteyken kitaplarını saklardım,
onları geri vermek bahanesiyle yeniden göreyim diye seni.
Hastalanmış gibi yapardım,
sırf odamda yalnız kalayım diye seninle.
Biz kadınlar mahkûmuz böyle numaralar yapmaya.
Başkalarının malıysak eğer tutkunun aracı oluruz da,
asla dillendiremeyiz onu.

Seni seviyorum. Sakat kaldığına memnunum.
Dayım –öyle olduğundan kuşkulansam da–
sandı ki, tatmin olamayınca ihtiraslarım,
seni sevmekten vazgeçeceğim.
Kadınlık zaaflarımı düşünüp bu kanıya kapıldı.
Bir insanı değil, erkekleri sevdiğimi sandı.
Cürmü yardım etmedi amacına.
Şimdi daha da fazla seviyorum seni.
Ruhumun bütün sıcaklığıyla, son nefesime kadar,
hep böyle seveceğim.
Dayımdan intikamım böyle olacak.
Ama sevgimin sebebi intikam olmayacak.

Hem akıl hem gövde hizmet ediyordu zevklerimize.
Hep söyledim sana; yüreğine sahip olmak daha keyifliydi;
Erkekliğin değer verdiğim en son şeydi.

İnanmalısın bana. Hatırlasana:
Karın diye tanınmanın ne büyük şeref

ne kutsal bir ünvan olduğunu bildiğim halde,
istemedim seninle evlenmeyi...
Metresin olmak benim için daha çekiciydi.
Çünkü özgürlüktü.
Evlilik bağları ticari bir anlaşma gibi,
gereksiz yere bağlıyor insanları.
"Karı" lafından nefret ediyordum,
metresin olarak pekâlâ da yaşar, giderdim.
Köpeğe tasma takmasan da,
sadakati bağlar onu sana.
Bilirsin ki isteyerek kalmaktadır yanında.
İşte ben de bu özgürlüğü istiyordum.
Beni seçtiğini, sana olmasa bile, tüm dünyaya
hem de kendime kanıtlamaktı dileğim.

Bugün artık sana yazmayacağım sevgilim.
Yarın yazarım yine.
-Bak, benim kadar korkmasan da belirsizlikten,
kuşkulu sözler söylemiyorum.-
Şimdi tek başıma kalacağım.
Aşkımı anlatmaya sözcükler yetmeyince,
sessizliğin anlamı artıyor.
Sessizliğim kucaklasın seni,
benim kucakladığım gibi.

VI. MEKTUP

Abélard'dan Héloise'e

Bir cambaza, bacağı kesildikten sonra,
sakatlığını hatırlatmak,
bir ressama, gözleri görmez olduktan sonra,
bir zamanlar güzel resim yaptığını söylemek,
hiç de hoş değil...
Böyle bir şey bana yaptığın.
Benden önderlik istiyorsun .

Bunu istediğinde anlıyorum ki,
yolumu iyice yitirmişim ben.
"Ömrümün yarısında kayboldum karanlık ormanlarda"
Yolumu görecek gözlerim yok,
yolumu yoklayacak ellerim yok...

O manastırı kurduğum için size yazmalıymışım...
Ben kurmadım o manastırı, Abélard kurdu.
Yıllar önce öldü o.

Yüce sıfatlar yükleme bana,
şimdiki cüceliğimi hatırlatıyorsun.
Artık ben senin tanıdığın adam değilim.
Saygı duyulacak biri değilim.
Kendim de saygı duymuyorum kendime.
İnsanlar iyimser define avcıları gibidirler,
ruhlarında mücevher keşfeder dururlar.
Oysa çakıl taşlarından başka bir şey değildir mücevher
                                    dedikleri.
Doğru. Bir zamanlar okul gibiydim tek başıma.
Tüm Paris Notre Dame'a koşardı,
benim yalın ama çarpıcı yorumlarımı duymaya.

Bir sürü sorunun yanıtını biliyormuş gibiydim.
Çünkü henüz o esas soruyla karşılaşmamıştım:Kendimle.
Tartışmalarda mat ettiğim Champeaux'lu Guillaume'la
ötekiler,
şu mantık yoksunu, akıl yoksulu, düşkün halimi görseler,
ne derlerdi?
Yalnızca erkekliğim olmadı beni terk eden,
beni seçkinleştiren ruh da harcandı gitti.
Yaşlı Anselm çok sevinirdi,
duygularım yüzünden yerlerde süründüğümü seyretseydi
Düşürdüğüm, yitirdiğim, harcayıp bitirdiğim benliğimi
arıyorum.
Yoksa bizzat ihanet ettiğim... mi demeliyiz?
Köşeye sıkışmış şu halimle sana önderlik edebilecek
adam mıyım ben?
Yoo, hayır! Bırak Tanrı'nın bana bahşettiği,
değerini bilmeden bir köşeye attığım,
ne kaldıysa içimde, onlara döneyim yine.
Kendi hayat yolumun hendeğinde bir dilenci gibi
eli böğründe, kalakaldım.
Hayatımın küstah günleri yanımdan dört nala geçti gitti.
Kendime daha şevkatli davranabilseydim,
sana da biraz merhamet duyabilirdim belki.

Ama şimdi beni bana bırak
Seni sevmemi isteme sakın.
Bunu yapmamaya çalışıyorum.
O giysiyle kutsallaşan gölgeni Tanrı ile ilişkime bıçak gibi
saplayıp,
dualarımla arama giren aşılmaz duvar olmak ister miydin?
Oysa yalnızca anıların bile görünmez engeller oluştur-
maya yetiyordu ibadetlerimde.

İç çekişlerinle düşlerin yetmiyor mu ki sana,
Tanrı'ya edeceğim kısacık bir duayı bile çok görüyorsun?

Sonsuz huzura kavuşmamı istemez miydin,
yoksa ani bir kargaşaya mı kapılsın ruhum?
Kimden yanasın sen?

Ellerindeyim senin, bir arp gibi. Ellerindeyim.
İstediğin gibi çalabilirsin beni.
Huzurun sessiz müziği de olurum
tutkunun, coşkunun gürültüleri de çıkar benden.
Hepsi senin elinde.

Ama selametimi istiyorsan, vazgeç benden, çekil git!
Beni seviyorsan da gösterme bana.
Bana ettiğin tüm yeminlerden azat ediyorum seni.
Git, tümüyle Tanrı'ya ada kendini .
Seni kaybedip kendimi Tanrı'da bulmak içindir artık
                                    dualarım.

Héloise

VII. MEKTUP

Héloise'den Abélard'a

Demek vazgeçmemi istiyorsun!
Vazgeçmeyeceğim. Ben böyle bir şey yapmam.
Elimden gelseydi bile vazgeçmezdim.

Sana olan aşkımı göstermemeliymişim,
çünkü umudun kalmamış bizden.
Sevdalılar için umut yoktur ki zaten.
Umut istemiyorum ben, aşk istiyorum.

Sanki duygularımız dizginlenip denetlenebilir
şeylermiş gibi yazmışsın; neden?
Dizginleyebilseydik, duygu denmezdi onlara, düşünce
denirdi.
Duygularımıza neden aramak
Tanrı'nın varlığını sorgulamaktan farksız değil mi?
Bilirsin ki pek zayıftır mantığım, din bilgim ondan beter.
Yine de söyleyeceklerim inkâr edilemez:
Özde var olan neyse, kendi varlığından öte,
ne sebep gerektirir ne mazeret.

Aşk ya aşktır, ya değildir.
Ne amaca gerek duyar, ne hedefe.
Ama kendi kendine doğar; kendi kendine yeter .
Ne umuda yeri var, ne gerekçeye.
Acı çekmek aşkın bir parçasıysa eğer,
acı çektiğim için mutluyum ben.

Istırabının nedenini biliyorum.
Doğana boyun eğmeni gururun engelliyor.
Oysa doğa da Tanrı'nın bir parçası değil mi?

Neden aşkını kabullenip acısına katlanmıyorsun, sevgilim?
Sana değil, dualara sadık kalayım istiyorsun.
Korkarım, karşılığını vermediğin bir tutkunun
nesnesi olduğun için suçluluk duyuyorsun.
Bana karşı soğuk davranışını maskelemek için dindarlığı
kullanmıyor musun?
Sana bağımlı olmazsam bilincin aydınlanacak mı acaba?
Böyle bir şey yapmam ben!
Ruhunu kurtarmak istediğini söylüyorsun.
İtiraf ederim ki ben yalnızca aşkımızı kurtarmak istiyorum
Kadın için ikisi de aynı şeydir...

Sevmek günahsa eğer, günahkârım ben; tövbe de etmem.
Daha da kötüsü: Günahkârlığı iyi becerdiğim için şükürler
ediyorum.
Sen yazmadın mı kitabında,
İlahi iradenin dışında kalan tek şeyin kötülük olduğunu?
O zaman sevabın da günahın da amacı ortak olmalı,
değil mi?
Hem bedende hem ruhta...
Demek filozofun kafası karıştı...
Gerçeğimi, yaradılışımı görmezden gelip
başka bir şeymişim gibi davranıyor bana!
Aşkımı unutuyor; oysa o aşk ben'im, o aşk sen'sin.
Yazıklar olsun sana!

Ne biçim bir Tanrı bu tapındığımız?
Hem bir bütün olarak yaratmış bizi,
hem de bir parçamızla yetinmemizi istiyor...
Deli bir Tanrı değil mi bu Tanrı?
Hem kadın olarak yaratmış beni,
hem de dayatıyor yaradılışımı inkâr edeyim diye.
Senin de inkâra çalıştığın gibi...
Öncelikle seni sevmeme izin vermezse,

O'nu sevmeyi de öğrenemem ben.
Tanrı bölünebilir değilse eğer, aşk da bölünmez.
Dualarını kabul edip tutkunu reddeden,
bir Tanrı'ya inanmamı nasıl beklersin benden?
O kıskanç Tanrı seni benden almak istiyorsa, nefret
ediyorum O'ndan!
Benim Tanrı'm değil O!
Kulak ver bana; O'nun sevgisi bu kadarsa eğer, baş
edebilirim O'nunla.
Şimdi dinle küfürümü:
Pişmanlık duymadan itiraf ediyorum.
Ben yalnızca seni seviyorum.
Bu sözü yazan benim elim,
Elimi yöneten de kanıyla, canıyla ben'im.

İlk kez senin olduğumda onyedi yaşındaydım.
–Ah, nasıl da akıp gitmiş zaman...–
Genç bir kızdım o sırada; aşkın kadınlığıma kavuşturdu
beni.
Yavaş, yavaş, acılar içinde açıldım, olgunlaştım.
Acılara bile teşekkür ederim.
Şimdi olgunluğumu sana geri veriyorum.
Bir gelincik gibi tut onu elinde.
Bu kadın sevmeyi nasıl öğrendiyse, sen de öğren.
Sırt çevirme o çiçeğe,
kendi ellerinle yarattığın yapraklarını yolma.
Ben böyle seviyorum işte:
Zarafetini gaddarlığını, inceliğini kabalığını,
olduğun şairi, olmadığın erkeği seviyorum.
Bir zamanlar çocuk olduğun
ve bir gün ceset olacağın için seviyorum.
Hem gövdeni, hem aklını seviyorum.
Yalnızca boynunun düzgün çizgilerini değil, koltuk
altının terini de seviyorum.

Kanımı tutuşturan gücünü de,
çocuk gibi elinden tutma isteği uyandıran güçsüzlüğünü
de seviyorum.
Tanrı böyle sevemiyorsa, ben seviyorum!
Birlikte daha kutsal olacağız; inanıyorum.
Tanrı böyle sevemiyorsa, ben de sevgimi Tanrı yaparım.
Hayır, vazgeçmeyeceğim!
Görüyorsun, yırtık bu mektup.
Bazen alçakgönüllü olmaya çalışmadan yazmışım.
Utanmamışım. Onları sakladım.
Sana yolladığım yerleri, gördüğün gibi,
öfkeyle kaleme alındı, kıskançlıkla yazıldı.
Öfkemin, kıskançlığımın armağanını sunuyorum sana.
Onlar sevdamın kanatları.
Açıyorum ve uçuyorum sana.

VIII. MEKTUP

Héloise'den Abélard'a

Ne zalimdir şu erkekler!
Bize aşkı öğretirler, sonra çeker giderler. Biz ise hâlâ...
Zalimsin sen de!
Yazmıyorsun bana.

Üç haftadır bekliyorum.
İlk hafta her gün yeni bir umut yarattım,
ertesi gün mektup gelecek diye.
Her bugünün bir yarını vardı,
yarın mektubun gelmesi kesindi.
Düş kırıklığım bu kesinliğe yenildi.
İkinci hafta ise yaraladı beni.
İyi olduğun haberini almıştım ve anladım ki,
suskunluğun bilerek isteyerek sürmekteydi.
Önce gücünü denediğini sanarak avundum.
Aldanıyordum: Güç gösterisi değildi bu, kayıtsızlıktı!
Nasıl beklediğimi biliyor olmalıydın...
Şu son hafta hayaller içinde geçti.
Çünkü gerçek dayanılacak gibi değildi.

Yanımda olduğunu hayal ediyordum.
Seninle konuşuyordum.
Karşımdaymış gibi sesleniyordum sana.
Hücremde tatlı tatlı konuştuk.
Bahçede tartıştık, kavga ettik, gülüştük.
Kilisede fısıldaştık.

Seninle rahatça söyleşince,
düşüncelerimi kâğıda dökmek gülünç geliyor bana.

Sen bana yazmazsan,ben sana yazarım.
Suskunluk boğucu! Soluk alacağım biraz, elimdeki şu
kalemle.

Çok gücendim sana.
Neden mi? Dinle !
Bütün erkekler kulak versin söyleyeceklerime.
Aşkı öğretir, sonra sırtlarını çevirirler bize.
Kendine âşık etmek için nasıl da yalvarmıştın bana...
Hemen teslim oldum sana.
Hiç zorlanmadan kazandın kalbimi.
Aynı kolaylıkla terk ediyorsun beni.
Şimdi de vazgeçmemi istiyorsun.
Tıpkı aşkımı istediğin gibi, ısrarla ikna etmeye uğraşıyorsun.
Bir zamanlar kollarına atılmam için yalvardın,
şimdi çekip gitmemi emrediyorsun.
Ama gitmeyeceğim. Gidemem.
Tutkuma katlanmak zorundasın.
Sen yarattın onu, o senin eserin.
Seni kalbimden söküp atmamı isteyemezsin,
seninkinden de beni atamayacağın gibi.
Biz birbirimize ait değil miyiz?

Bana çektirdiğin acıları affettirebilirsin;
birlikte olmamızı sağlayarak!
Buraya gelirsin, görürüm seni...
– Başka neye yarar ki gözlerim? –
Salt benim için gelemiyorsan da,
dediğim gibi, bir görevin var senin.
Manastırı bizim için ziyaret etmelisin.

Olanaksız değil bu istediğim.
Tekrar ediyorum: Karınım senin...
Hepimiz senin evlatlarınız.

Bir zamanlar benden yalvararak istediğin şeyi istemiyorum
senden.
Mümkün değil bu. İstemek ayıp olurdu...
Artık istesek de yeminlerimize ihanet edemeyiz.
İradelerimiz bir bıçak darbesiyle keskinleştirildi.
Bütün istediğim seni bir kerecik görmek...
Göremezsem gözlerim kör olacak sanki.
Gözüm kapalıyken gördüklerimi açıkken neden
görmeyecekmişim?

Yaptığımız bahçe duvarını göstereceğim sana.
Küçük kiliseye de götüreceğim seni,
bir meşenin gövdesinden yapılan
Meryem Ana heykelini gör diye.
Modelliğini yoksul bir kız yaptı.

Dudakları kiraz kırmızısı, gözlerinde masumiyet çiçekleri
açmıştı.
Sonra bahçede yürürüz birlikte, şeftali ağaçlarının
gölgesinde.
Sana bakarım; şeftalinin balı akar dudaklarından.

Yine de... umutsuzca yazıyorum bunları.
Ne zalimsin!
Gereksiz yere artırıyorsun çektiğim acıları.

(Sessiz geçen bir ara)

Artık gerçeği saklamaya gerek yok, anlamaya hiç
yanaşmasan da...
Bu örtüye büründüğümde, hiç de dinsel, yüce bir şey
değildi niyetim.
Tek nedeni sana sevdalı olmamdı.
Tüm yeminleri yalnızca senin olmak için ettim.
Yalnızca sen burada kalmamı istediğin için

kendimi o sözleri vermeye zorladım.
Ama artık sevgini yitirdiysem,
ne işe yarıyor mahkûmiyetim?
Girmişim bu örtülerin altına, kavruluyorum.
Boş yere, umarsızca çabalıyorum.
Çevremdekilerin hepsi Tanrı'yla evli...
Yalnızca ben bir erkeğin hizmetindeyim.
Kendimi Abélard'a adadım ben.
Dahası, günahlarım için değil gözyaşlarım,
sevgilim için ağlıyorum.

(Sessiz geçen bir ara)

Aklıma geldi de... önce benim yeminlerimi tutmamı istedin
Nedendi bu? Yok, yok, cevap verme. Cevabını biliyorum.

(Sessiz geçen bir ara)

Çok uğraştım, Tanrı'm...Öyle uğraştım ki seni unutmak için
Çok sıkıntılı geçen bir gün, birkaç dakikalığına unutmayı
becerdim
Ama geceler uzun, geceler bizim...
İtiraf ediyorum: Sen yanıma uzanmadan yatmıyorum.
Uyuyabiliyorsam, tek nedeni başımı omuzuna yaslıyor
olmam.
Düş görmüşsem, uyandırıyorum seni, düşümü anlatıyorum
Zaten düşlerimde yalnızca seni görüyorum.
Sonra okşuyorsun beni...
Biraz dayanıyorum, çabucak teslim oluyorum sana.
İşte halim.
Burada kalmam doğru mu acaba?
Gelip beni ikna etmezsen kendimi görevlerime adamaya,
O zaman ben de...

IX. MEKTUP

Abélard'dan Héloise'e

Elbette yazdım sana.
Ama yazdığım mektupları yollamadım.
Bu mektubu da göndermek niyetinde değilim.
Gözlerimiz dilsiz olsalar da aşkın dilini konuşuyorlar.
Dudaklarımızla ellerimiz geveze,
ama telaffuz etmeyi bilmiyorlar.
Hissettiklerimiz ancak sessizlikte anlatılabilir.
Bana nasıl kayıtsız dersin?

(Sessiz geçen bir ara)

Gelip seni görmemi istiyorsun.
Bu istek korkutuyor beni.
Sana ve kardeşlerine karşı görevim olduğunu söylüyorsun
Şu "görev" sözcüğünden kuşku duyarım,
talep olarak söylendiğinde...
Canım! Görmüyor musun?
Benim başrahip, senin de başrahibe gibi davranmamız
mümkün değil.
Tehlikesi çok büyük.
Tehlikeli olmasa sen böylesine istemezdin,
ben de isteklerimi dizginleyen şu korkuya kapılmazdım.
Birbirimizi sevebiliriz, sanırım nefret de edebiliriz.
Ama kayıtsızlığı asla beceremeyiz.
Gelmeyeceğim.

(Sessiz geçen bir ara)

Zalim diyorsun bana.
Öyleyim.

Öyle olmak zorundayım.
Kimi zaman zalimliğin ne kadar hayırlı olduğunu hemen
anlamayız.

(*Sessiz geçen bir ara*)

Bir kez daha söylüyorum sana:
Benim değil Tanrı'nın önünde eğil.
Çünkü insana duyulan tutku huzur verici değil.
Tek huzur Tanrı sevgisindedir.
Seni bir erkek gibi seviyorum ben.
Yeterli değil bu.
Senin iyiliğin için yalvarıyorum sana:
Dön O'na... Hakiki sevgili O.
Bense, yarım erkekliğimle sıradan bir sevgiliyim.
Bunları yazarken, okurken dökeceğin yaşları görüyorum.
Kurut o gözyaşlarını, bu mektubu defalarca oku.
Çünkü son mektubum bu.
İsa yolundaki sevgili kocan.
Peter Abélard.

(*Mektubu imzalar, bağırarak kalemi fırlatır*)

Hayır! Yırt, at o mektubu!
Sana yazmadıklarımı oku!
Yazdığım hiçbir şeyi okuma!
Şiirlerim okunmamalı benim.
Şarkılarım söylenmemeli.
Kitaplarımı yakmakta haklıydılar.
Dürüst olmayan bir şair, sahte bir filozof kadar alçaktır!
Yoo... Yırtmalısın o yazdığım mektubu.
Şimdi kendime bile söylemediğim gerçeği dinle.
Yüreğim sağır olmuştu, çünkü ruhum dilsizdi.
Sönmüş yanardağ kıpkızıl bir öfkeyle patlıyor artık.

Şimdi yüreğimin yangını ruhumun çayırlarını tutuşturuyor
Yalnızca küller kalsın.

Bir soru sormuşsun bana.

Cevabını bildiğini yazıyorsun.

Yine de ben vereceğim o cevabı.

Gerçeğin acısı da acıdır.

Acının gerçeğinin gerçekliği gibi.

Ve gerçek şu:
On yıl önce, yeminlerini tutmanı istediğimde
–Evet, üstelik ben tutmadan önce–
ve hayatını Tanrı'ya adamanı öğütlediğimde,
niyetim sana iyilik etmek değildi,
Tanrı'ya yaranmak da değildi.

–İşte yanardağ lavlarını püskürtmeye başladı–
Gerçek şu: Örtünmeni istedim, çünkü erkekliğimi yok
etmişlerdi.

Her açıdan iktidarsızdım, ama kıskançlıkta değil.

İsa'nın karısı olmanı istedim.

Benim ya da senin ona olan sevgimiz değildi nedeni.

Korkuyordum ben,
bir gün başka bir erkeğin karısı olacağından.

Oysa ben yarım erkektim...

Gerçek böyle ve işte burada ateş kavuruyor...

Tanrı'ya olan sevgime ihanet ettim ben!

Yeminler ediyordun ve hepsi benim içindi; biliyordum.

Yalnızca bana sadık olacaktın.

Saçlarını kazıdıkları zaman sevinçler içindeydim.

Başka hiçbir erkek saçlarının güzelliğini bilmeyecekti.

Kutsal giysilerini bekâret kemeri gibi gördüm ben!

İsa'ya ihanet etmene aldırmadım,
çünkü ben ihanete uğramaya katlanamazdım.

Gerçek şu: Seni sadece bir erkeğin sevebileceği gibi
sevmiş değilim ben.

Böylesi bana yetmedi...

Gerçek şu ki, ben sevmedim.

Gerçek şu ki, gerçeğim yok benim.

Yalnızca küller kalır. Elveda.

Burada ölürsem, vasiyet edeceğim, bedenim kaldığın
manastıra gönderilsin.

O halimle gör beni.

Gözyaşı dökmeni istediğimden değil.

- Zaten artık çok geç olacak ağlamak için.

- Şimdi dök de o gözyaşlarını, söndür beni tüketen yangını.

Cesedimi gör de, ölümün dehşeti kamçılasın dindarlığını.

Neye benzediğim o zaman çıkar ortaya.

Solucanlar sana anlatırlar erkek diye sevdiğin şeyin neye
benzediğini.

Umarım öldüğünde yanıma gömülmek istersin.

Toprağa karışmış kollarım uzanır, kucaklar seni.

Requiescamus in nomine Domini.

X. MEKTUP

Héloise'den Abélard'a

Nasıl cüret edersin bana böyle şeyler yazmaya!
Mektubunun beni nasıl etkileyeceğini sanmıştın ki?
Bunu bile düşünmemiş olmalısın.
Kendine yazıp da bana yollamış olmayasın...
Bilmediğim bir şey yok yazdıklarında.
Üstelik kederimi avutmaya hiç yaramadı.
Zalimliğini hafife almışım meğer.
Beni görmeye gelmeni rica etmiştim senden.
Beni rahatlatacağın yerde hüznün derinlerine itiyorsun.
Ruhumun huzura kavuşması için bütün yardımın,
durup dururken öleceğini söyleyip beni korkutmak,
rahatımı kaçırmaksa,
kendimi dine vermeyi nasıl becerebilirim?
Öldün diye sana olan sevgimin azalacağını
düşünecek kadar saf mısın?
Ölümlü bir erkek olduğunu bilmediğimi mi sanıyorsun?
Solucanlar göz çukurlarında yuvalansa da,
dilin dişlerinin arasından çıkıp sallansa da,
tiksinmeyeceğim senden, vazgeçmeyeceğim!
Etin kemiğin ne ilgisi var bizimle?
Bir parçanı kesip alan o kasap,
sana olan aşkımı biraz olsun azaltabildi mi?
Taptığım, özüne indirgese de seni, ölüm bile azaltamaz
                                                    sevgimi.
Tam tersine, zalimliğin azalır da, daha fazla benim
                                                    olursun.
Anlamıyor musun? Örtünmem için beni kandırmaya
                                        çalıştığında,
hiç de niyetli değildim ben.

Biliyordum ki, kabul ettiğimde çifte sorumluluk
yüklenecekti üstüne.
İsteksizliğimin belasını da sen çekecektin...
Elbette biliyordum niyetlerini.
Korkuların için de seviyordum seni.
Seni rahatlatacağını bilseydim,
suratımın parçalanmasına bile razı gelebilirdim.
Ne işime yarıyor ki güzellik?
Seni bana kazandırdı, yeter...
Bir de şimdi görsen yüzümü!
Hiç de güzel bulmazsın.
Vahşi atlar koşuşuyor gözbebeklerimde.
Dudaklarım ısırılmaktan parçalandı, burnum kızardı.
Alnımın yazısı senin ellerinde...
Ne yazılı olduğuna bakmaya korkuyor musun?
Bırak, ben okuyayım.
Bir şiir o. Senin ellerinde...
Ne tuhaf! Bunları yazarken bir ses duyuyorum.
Bahçıvanlardan biri türkü söylüyor.
Sevgiliyi baştan çıkarmak için bir türkü.

> Kalbimin gülü,
> Al bu gülü eline.
> Aşkın çiçeği bu.
> Yaprakları hasretimle dolu.
> Senin gibi incecik kokusu.

> Kalbimin gülü
> Al bu gülü eline.
> Hemen solsa bile,
> Aşkımız yaşayacak.
> Çünkü güller sonsuza kadar açacak.

Benim için yazmıştın bu şiiri.

Bana yazdığın şiirleri başka dudaklardan ne de çok
dinledim.
Sanırım anlamalıyım artık sana ilham vermediğimi.
Sanırım dehanı ortaya çıkarmak için bir araçtım ben.
Yine de teselli ediyorum kendimi.
Bana yazılmış şiirlerin henüz dünyaya gelmemiş kim
bilir ne çok kadını,
benim tadamadığım zevkleri tatmaya itecek.
Düşündüğümde ateş basıyor.
Senin yanında nasıl da hoppalıklar etmişim...
Çalışmaya uğraşırken sen,
çıplaklığımı gözlerinin önünde nasıl da sergilerdim.
Olmadık yerlerde senden ne biçim şeyler yapmanı
isterdim...

Ama... Paris'in tüm kadınlarının âşık olduğu bir şairdi
yanımdaki.
Alçakgönüllü olursam seni kaybederim diye korkuyordum
Şimdi de hoppa olmalıyım, ama iyice yitirmişim o
niteliğimi.
Duygularım nasıl da hastalıklı bir hale soktu beni.
Hâlâ utanmıyorum.
Bana armağan ettiğin gümüş haçın yanı başında,
bunları yazarken bile utanç duymuyorum.

Tanrı'ya adanmış bir çatının altında,
aşkın filizlenlenmesi tuhaf değil mi?
Aşkın cinsine bağlıdır, diyorsun.
Merak ediyorum: Cinsi mi vardır aşkın?
Yoksa yalnızca derecesi mi?
Aşkta şehvetin yeri yok derlerdi. Var ya da yok...
Yine de merak ediyorum: Tövbe etmeyi gerektiren bir şey,
Tanrı'ya giden yolun başı olabilir mi?
Bazen bana öyle geliyor ki,

adaleti dışında tüm sıfatları doğru Tanrı'nın.

Şehvete kapılmışken biz, her fırsatta günah işlemedik mi?

Ben senin gönüllü metresin, sen benim sabırsız âşığımdın.

Çocuklar gibi mutluyduk o zaman.

Ne zaman ki evlendik, ödülümüz hadım edilmen oldu.

Ne zaman ki kendimizi Tanrı'ya adadık,

işkenceler başladı.

Günah işlediysem, bir de yalancılığı ekleyemem günahıma.

Zevklerimizin cezasını çekeceksem, hatırlarım onları.

Anılarım cezalarımdır.

Hayal gücümle herkesten çok işkence edebilirim kendime.

Hayal gücüm yakarışlarıma kulak vermez.

Uykudaysa hiç kaçamıyorum senden.

Gözlerimi yumuyorum, seninle açıyorum.

Düşlerimde birbirimizin oluyoruz.

Sonra uyanıyorum, gerçek denen o kâbus çıkıyor karşıma

Sen olmayan hiçbir şey gerçek değil.

Sevgilim, aşkımla bezdiriyor muyum seni?

Öyle olsa de, katlan bana.

Unutma ki, o kasap sana yardım etti ama, bana etmedi....

Hâlâ kadınım ben: senin kadının.

Tanrı başka bir şey olmamı isiyorsa,

neden beni böyle yarattı o zaman?

Vazgeçmeyeceğim! Asla!

ABÉLARD

(Kendi kendine, beste yapar gibi)

Vel confossus pariter
morerer feliciter
cum, quid amor faciat,
maius hoc non habeat,
et me post te vivere
mori sit assidue,
nec ad vitam anıma
satis sit dimidia....

Mezara gömülmüşüm, seninle kucak kucağa yatıyorum.
Aşkım böyle olmasını isterdi.
Senden sonra yaşamak ölümdür zaten.
Yarım kalmış ruhun yaşamı olur mu?

Kandıracağım o zaman,
yaşam zaten ucuz bir kandırmaca,
bizi birleştirdiği gibi,
bizden alıp götürebilir birbirimizi.

Seninle bir mezarı paylaşmak
seninle yaşamak gibi bana kalırsa.
Birlikte uzanırsak mezara,
ölümü yeneriz, biz asla ölmeyiz.

Sus artık dili tutuk çalgım,
tellerin kırık senin.
Bırak yüreğimin telleri çalsın
hüzünlü türkülerimi.

Abélard ve Héloise

XI. MEKTUP

Héloise'den Abélard'a

Sevgili Abélard,
Bu kadar korkmana hiç gerek yok.
Mektubumu yanıtlamasan da, tek kelime yazmasan da,
şikâyet etmeyeceğim.
Bana yazmadığın için memnunum.
Kendime bile söylemekte zorlandığım şeyi
açıklamamı kolaylaştırıyorsun.
Bir zamanlar nasıl tutkuyla yazdıysam sana,
şimdi de aynı dürüstlükle yazacağım.

Ama bunları yazmak daha zor.
Zaten iki kez yırtıp attım mektubu.
Yeniden başladım.
Mesele şu:
–Hem dürüst, hem nazik... nasıl olunur?
Anlaşıldı, mümkün değil! –
Abélard, mesele şu:
Héloise'i sonsuza kadar kaybettin.

İnanılması zor, değil mi? Bence de...
Geciktirdim bunları sana yazmayı.
Duygularımı zamana bıraktım.
Zaman doğruladı onları.
Gerçek bu: Sana âşık değilim artık.
Bu satırı okuyorum, içimden bir şey okuduğuna
                                           inanamıyor.
Ama ben yazdım onu ve doğru.
Sana âşık değilim artık.
İşte! Bir kere daha yazdım!
Nihayet her şeyini elde etmek isteyen,

her şeyini tüketen boğucu aşkımdan kurtuldun!

Ben de öyle... Ben de kurtuldum.

Artık o ahlaksız düşünceler adının çevresinde dolanıp
kaçırmayacak huzurumu.

Artık o yoğun düşlerimde çıplaklığımı örten bedenin
yormayacak beni.

Dudaklarımı yastığa bastırmış olarak uyanmayacağım
artık

Dualarımda yalnızca adının geçtiğini hissedip irkilmekten
kurtuldum.

Kurtuldum bir zalimden, ya da zalim bir aşktan.

Kadınların dengesizliğini bildiğine göre, kolayca tahmin
edebilirsin ki,

Bir sevgiliyi terk ediyorsam, başka bir sevgili aklımı
çeldiği içindir...

Artık onun oldum ben.

Bir zamanlar senin olduğum gibi.

Şu hoppa halim dünyaya anlatmalı ki,

kadınların tek sabit yanı sebatsızlıklarıdır.

Sadık kalmayı beceremeyiz biz.

Sadakatimizi yalnızca sadakatsizliğe gösteririz .

Ama canım, sakın kıskanma.

Héloise'i senden çalan sadece Tanrı.

Bunu sen de çok istemiştin zaten.

Ben de uğraştım, çabaladım, beceremeyeceğimden korktum

Ama işte O'nu buldum.

Şimdi beni nasıl elde ettiğini merak ediyorsun.

Bunca yıl Tanrı'nın evinde kalıp,

O'nun yüzüğünü taşıdım, yine kayıtsız kaldım da, ne oldu
birden, diyorsun.

Sana yazdığım son mektuptan sonra çok hastalandım ben.

Doktorlar öleceğimden korktular.

Tedavi etmek için çırpındılar, durdular.

Sendin hastalığım.

Elde edemeyince seni, ölmeye yatmıştım.

Dört hafta boyunca tek kelime etmeden, öylece yattım.

Umarsızlığıma sarılmıştım.

Sarılabileceğim bir tek o kalmıştı.

Sonra ansızın, bir sabah uyandım ki, gitmişsin!

Yanı başımda başka bir erkek duruyordu.

Senden daha nazik, daha sevecendi üstelik.

İnançsızlığımı bildiği için bana kendi inancını verdi.

Pişman değildi bakışları, yumuşacıktı.

Sitemsiz, sıcacıktı.

Öyle bir âşıktı ki, bana teslim olup elde etti beni.

Tutkusu vardı ama şiddetli değildi.

Her şeyiyle benimdi, ama kıskanmıyordu beni.

Müşfik bir babaydı, hem de yasaklamıyordu.

Uysal bir evlattı, hem de talepkâr değildi.

Seni onun yüzünden neden terkettiğimi anlıyor musun?

Bir sevgi mucizesiydi.

Bir şükran armağanıydı.

Senin sevginin en büyük yanı,

seninkinden de büyük bir sevgi olabileceğini bilmendir.

Beni senden vazgeçirip O'na yöneltmeye çalıştın bu yüzden

Başardım işte.

İlgilenme artık benimle.

Emin ol ki, en azından ikimiz için de yıkıcı olan

tutkulardan uzaksın şimdi.

Bazen yaz bize.

Aristo okuyorum yine; düşüncelerini öğrenmek isterim.

Artık benim yüzümden çıkacak tehlikeleri bekleyerek

endişe etme.

Gerçek böyle: Ne metresinim senin, ne de karın.

Bu sözcükleri de son kez kullanıyorum.
Artık seni ne kocam ne de sevgilim gibi düşleyeceğim.
Bana yazmasan da üzülmeyeceğim.
Nasılsa Tanrı'nın bir parçası oldun,
artık hep benimlesin.
O'nu bularak iyice içime aldım seni.
O'nun içinden sana ulaştım.
İnsanlar Tanrı aşkından söz eder.
Boş bir laf sanki bu...
Ama şimdi benim için anlamı kesin.
Senin elin kadar gerçek.
Elini tutuyormuş gibi sahibim ona; aslında o benim
                                                    sahibim.

Bütününe kavuştum benliğimin.
Sınırlarını O çizdi.
Ama tuhaf değil mi, sınırları sınırlamıyor beni, tam tersine,
                                            açıyor, ferahlatıyor,
fildişi bir sunaktaki ak bir manolya gibi.
Huzurum akşam alacasına yayılıyor, suskun boşlukta
                                                    dalgalanıyor.
Felaketlerimizi pişmanlık duymadan hatırlıyorum şimdi.
Şimdi yalnız kalabiliyorum, yalnızlık duymadan.
Düş görmeden uyuyabiliyorum.
Hatta seninle olmadığım için kahrolmadan seni
                                            düşünebiliyorum.

Abélard! Özgürsün!
Daha az değil, daha çok sevdiğim için.
Artık rüzgârın sevdiği gibi seviyorum.
Kendimi dalgalar gibi hissediyorum.
Varlığımın kozasından çıktım artık
O'nun sevgisi benliğim oldu.

Bunları yazarken pencereme bir kırlangıç geldi.
Şükran dolu kanat vuruşlarını seyrettim.

Bir ay önce bunu göremezdim.
Senden başka bir şey görmezdi gözlerim.
Ama şimdi, evrende yaratılmış ne varsa,
şu kuşun kanatlarıyla, hepsi uçuyor bana.
İlk kez canlıyım ben.
Kendim için öldüm madem, senin için de ölebilirim.
Onlar için de ölürüm.
Her şey için ölürüm.

İşte bunları keşfettim.
Hâlâ düşünüyorum: Nasıl oldu da becerdim!
İnsan bizim sevdiğimiz gibi sevmişse,
sonra da sevgisini yitirdiğini, ya da değiştiğini görmüşse,
o kayıp duygusuyla kendini de anlayamaz, sevgiyi de.
Önce sevmiş olduğundan kuşkulanabilir..
Sonra da merak eder: Bir daha sevebilecek midir?
Oysa değişebilen aşk, aşk değildir, ihtiyaçtır, kendini
                                                      beğenmektir.
İhtiyaçlar değişebilir, aşk ise değişmez.
Bize böyle olmadı.
Bir şey kaybetmedik biz.
Kendimizi O'nda bulduk.

Sana sevgili derdim.
Yine de derim.
Ama bu kez sözcüğü farklı söylerim:.
Sevgili, ol, sevgi dolu, özgürleş.

Başkasını buldum.
Artık ihtiyacım yok sana.
Doğru söylüyorum. Özgürsün.

*(Kalem elinden düşer. Elleri boşluğa uzanır. Hissetmediği
şeyleri yazmış olmanın, özverinin bitkinliği içindedir)*

Fulbert

Héloise'in Dayısı Fulbert

XII. MEKTUP

Abélard'dan Héloise'e

Yazma bana artık Héloise.
Yalvarırım, artık bana yazma!
Aramızdaki son yazışma bu olsun.
Gerek yok artık mektuplaşmaya.
Sana veremediğim huzuru buldun.
Yine de, senden bana, ya da benden sana ulaşan
tek bir sözcük bile kaçırabilir o huzuru.
Bir türlü bitmeyen şeyin sonu olsun bu.
Sana veremediğim gibi kendim de bulamamıştım o
bulduğun huzuru.
Ne kadar mutluyum!..
Yine de itiraf ederim ki beni sevmediğini,
başka birini bulduğunu okuduğumda, kıskandım,
yaralandım.
Rakibimin bir erkek olmadığını tahmin edemedim.
Böyle olsa bile bağışlamaya çabaladım seni.
Önce benim yüzümden düştüğün hali düşündüm.
Sonra sana nasıl davrandığımı hatırladım
Boşunaydı. Bağışlamayı istemek başka şey, başarmak ise
bambaşka.
Bağışlamayı beceremedim.
Mektubunun ilk sayfası kalakaldı elimde.
Seni benden çalan o adamdan nefret ediyordum!
Gözlerimi yumdum ki, işleyeceğim cinayeti görmeyeyim.
Kıskançlığının bana aşkının armağanı olduğunu
yazmıştın.
Şimdi sana iade ediyorum armağanını...
Nefret ettiğimiz kişinin kendimiz olduğunu fark etmek
kolay değil.
Benden önce hiç kimse böyle kıskanmamıştır!

İşte o anda anladım asla dürüst davranmadığımı.
Tarih beni bir şair, bir filozof olarak değil,
bir sevgili, senin sevgilin olarak hatırlayacak.
Ve ben sevmeyi bilmiyorum!
Sevgi hakkında ne çok konuştum, ne çok yazdım...
Unut bütün söylediklerimi. Yazdığım hiçbir şeyi okuma!

Ondan mahrum kalmadan anlamıyoruz sevginin
kıymetini
Çünkü sevmek dediğin aşk oyunlarıyla olmaz.
Şiir yazarak olur, çiçek toplayarak olur...
Yeminler ederek, antlar içerek, sözler vererek sürer.
Sevgi verdiklerimizde değil, alabilme yeteneğimizde
gizlidir.
Güvenimizle büyür; oysa kendi gerçeğimize
güvenmiyorsak
güvenemeyiz kimselere.
Sevgili diyorsun bana, sevilmemi istiyorsun.
Uğraşacağım...

O kıskançlık dakikaları, ömrüm boyunca öğrenemediğim
şeyleri öğretti bana .
Aşkın mülkiyetçi olmaması gerektiğini söylerdim.
Olmamalı... yapmamalı...
Bir filozof nasıl böyle bir şey söyler?
Filozof dediğin, sahip olduğu şeylerin gerçeğiyle kendi
arasında
doğru ilişki kurmak zorunda değil midir?
İşine geldiği gibi konuşabilir mi?
"Aşk mülkiyetçi olmamalı" diyordum,
çünkü aşkın mülkiyetini kullanıyordum.
Seni tanıdıktan ve sevdikten sonra bile, itiraf ederim ki,
ihanet ettim sana.
Bilmiyordun bunu.
Şimdi de sana iyilik olsun diye söylemiyorum, işime geliyor

İhanet ettim sana, çünkü başkasını seviyordum:
Çünkü kendimi seviyordum.
İnsan aşkı hep mülkiyetçidir.
Ne yazık ki apaçık görüyorum şimdi.
Belki Tanrı'nınki de böyledir...
O yüzden yazma bana.
O'nu kıskandırmayalım bari, beni kıskandırdığın gibi.

Yüreğindeki iffeti koru.
Aşktan kaçınmak değildir bu.
Sınırlamaz hiçbir şeyi, hatta biçimler.
Aşkın ölçülerinden biridir.
Bütünüyle sevsek bile ölçüsüz olmak istemeyiz.
Teslim alınmışsak da ölçüye gerek yoktur.

Artık O'nun sevgisi var yanında.
Benimkine ihtiyacın kalmadı.
Seni nasıl seveceğini bilmeyen âşığına tercih ettiğin
yeni sevgiline dikkat et: O senin ruhunu istiyor!
Unutma ki artık İsa'yla evlisin sen.
Beni tümüyle sök at yüreğinden.
O'nun bulmuşsun madem, O'nda dinlen.
Sonsuz ihtiyacımın cevabını ben de O'nda arayacağım.
Git sevgili, bir gelin gibi, O'na git.
Bu sözlerle özgür kılıyorum seni, beni bıraktığın gibi.
O'nu kıskanmıyorum.

(Masaya bir yumruk atar. Eli çaresizlikle boşluğa,
Héloise'in olduğu tarafa uzanır.
Işıklar hafifler, iki el üzerinde yoğunlaşır)

SON

TİYATRO/ KÜLTÜR DİZİSİ

01. BİR AVUÇ ALKIŞ (Anılar) / Mücap Ofluoğlu
02. TİYATRO KAVRAMLARI SÖZLÜĞÜ / A. Çalışlar
03. TİYATRO ADAMLARI SÖZLÜĞÜ / A. Çalışlar
04. TİYATRO İÇİN KÜÇÜK ORGANON / B. Brecht
05. 20. YÜZYILDA TİYATRO / Haz.: Aziz Çalışlar
06. TİYATRO OYUNLARI SÖZLÜĞÜ - Cilt 1
   (Dünya Tiyatrosu) / Aziz Çalışlar
07. SHAKESPEARE SÖZLÜĞÜ / Aziz Çalışlar
08. OYUNCULUK ELKİTABI / Gerhard Ebert
09. TİYATRO ÇALIŞMASI / Bertolt Brecht
10. TİYATRO OYUNLARI SÖZLÜĞÜ. Cilt 2
   (Türk Tiyatrosu) / Aziz Çalışlar
11. REJİ DEFTERİ / Stanislavski (Ç.: Aziz Çalışlar)
12. İNSANCA BİR TİYATRO / Giorgio Strehler
13. GECENİN MASKESİ / Prof. Özdemir Nutku
14. ÇEHOV ve MOSKOVA SANAT TİYATROSU) /
   Stanislavski (Çev.: Şebnem Bahadır)
15. TİYATRODA DÜŞÜNSELLİK / Zehra İpşiroğlu
16. DÜNYA BİR SAHNEDİR / Mücap Ofluoğlu
17. BALE SÖZLÜĞÜ / G. Grant (Ç.: İnci Kurşunlu)
18. HALK TİYATROSU ve DARİO FO / Metin Balay
19. UYUMSUZ TİYATRODA GERÇEKÇİLİK / Z. İpşiroğlu
20. YÖNETMEN PETER STEİN / Aziz Çalışlar
21. ÇAĞDAŞ TİYATRO ve DRAMATURGİ / E. Çamurdan
22. OYUNCULUK SANATI / Toby Cole (Ç.: Metin Balay)
23. TİYATRO -DEVRİM ve MEYERHOLD / Ali Berktay
24. KUTSAL ATEŞ / Juri Liubimov (Ç.: Ali Berktay)
25. ÇAĞDAŞ TÜRK TİYATROSUNDAN ON YAZAR /
   Prof. Ayşegül Yüksel
26. 2000'Lİ YILLARA DOĞRU TİYATRO / Z. İpşiroğlu
27. BRECHT'İ ANIMSAMAK / Hans Mayer (Ç. A. Cemal)
28. ARADIĞIMIZ TİYATRO / Ahmet Cemal

29. ELEŞTİRİNİN ELEŞTİRİSİ / Zehra İpşiroğlu

30. OYUN YAZMAK / Steve Gooch (Ç. Filiz Ofluoğlu)

31. CUMHURİYETİ'İN 75. YILINDA TÜRK TİYATROSU
/Sevda Şener-Ayşegül Yüksel-Özdemir Nutku...

32. ÇAĞDAŞIMIZ SHAKESPEARE / John Kott

33. OYUN YAZARLIĞI / Hülya Nutku

34. ÇOCUK TİYATROSU / Nihal Kuyumcu

35. NASIL OYNANMALI / Jean Genet (Ç. Ece Korkut)

36. SAHNEDEN İZDÜŞÜMLER / Prof. Ayşegül Yüksel

37. TİYATRO YAZILARI / Dikmen Gürün

38. COMMEDİA dell'ARTE / John Rudlin (Ç. Ezgi İpekli)

39. DÜNYA TİYATRO TARİHİ / Prof. Dr. Özdemir Nutku

40. PANDOMİMİN ANATOMİSİ / Alke Gerber

41. TİYATRODA DEVRİM / Zehra İpşiroğlu

42. 100 MONOLOG (Yabancı Oyunlar) Haz.: T. Yılmaz Öğüt

43. 100 MONOLOG (Türk Oyunları) Haz.: T. Yılmaz Öğüt

44. Oyun Sanatbilimi DRAMATURGİ / Hülya Nutku

45.HIÇKIRMAKLA HAYKIRMAK ARASINDA/Esen Çamurdan

BERTOLT BRECHT / BÜTÜN OYUNLARI
(Yayınlanmış olanlar)

Cilt 3 Üç Kuruşluk Opera/ Mahagonny/ Mahagonny
Kentinin Yükselişi ve Düşüşü/ Lindberghlerin Uçuşu/
Anlaşma Üzerine Baden Öğreti Oyunu/Evet Diyen/Evet
Diyen. Hayır Diyen/ Önlem (1930)Önlem (1931)

Cilt 4 Mezbehaların Kutsal Johanna'sı/ Kuraldışı ve Kural
/ Ana (1933) /Ana (1938)

Cilt 6 Küçük Burjuvanın Yedi Ölümcül Günahı /
Horasyalılar Kuriasyalılar / Carrar Anarın Silahları/
III. Reich'ın Korku ve Sefaleti

Cilt 7 Galilei'nin Yaşamı (1938/39)/ Gelileo (Amerika
Metni)/Galilei'nin Yaşamı (55/56) / Dansen/ Demirin
Fiyatı Nedir

Cilt 8 Cesaret Ana ve Çocukları/ Lukullus'un Sorgulan-
ması (1940) / Lukullus'un Sorgulanması (1951)/
Lukullus'un Mahkûmiyeti/ Sezuan'ın İyi İnsanı

Cilt 9 Puntila Ağa ve Uşağı Matti / Urturo Ui'nin Yükselişi
/ Simone Machard'ın Düşleri

Cilt 10 Schweyk / Malfi Düşesi

Cilt 11 Kafkas Tebeşir Dairesi / Sofokles'in Antigone'si